INVENTAIRE.
X 5,399

Plus d'enfant récitant ses lettres de travers!
En une heure on apprend l'alphabet et cent vers!!

PARIS
LIBRAIRIE DE L. HACHETTE ET CIE
RUE PIERRE-SARRAZIN, N° 14

X

X 86-58

©

Rés. m. X. 84

Plus d'enfant récitant ses lettres de travers!
En une heure on apprend l'alphabet et cent vers!!

PARIS
LIBRAIRIE DE L. HACHETTE ET Cie
RUE PIERRE-SARRAZIN, N° 14
1861

X
5399

Quand la bouche, voyez! s'ouvre pour crier : Ah!
La bouche fait un **A**.

Et les petits canards qui caquètent : Qua! qua!
Ont l'air de petits **a**.

B b

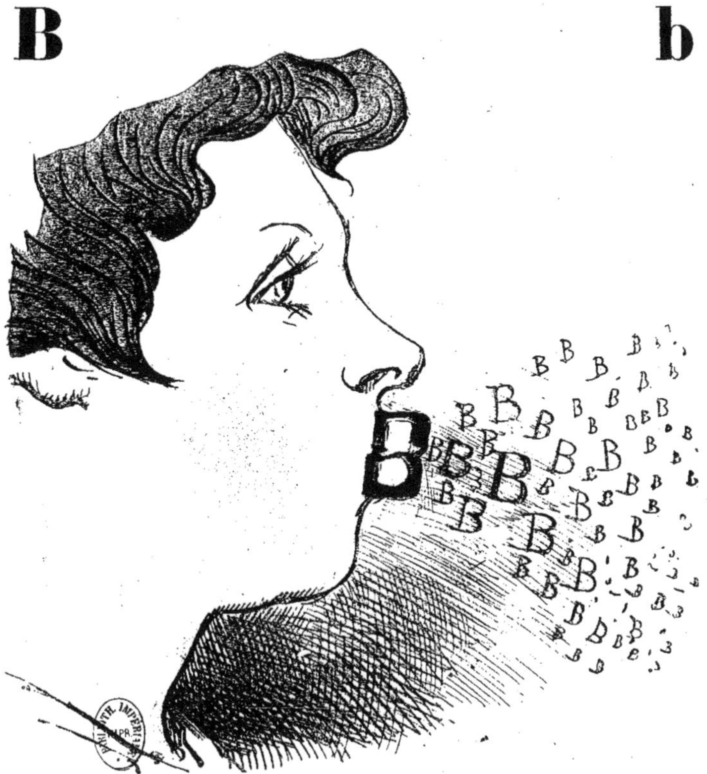

Lorsque l'on a la bouche en cœur, le bec bombé
Fait un grand **B**.

Des portefaix portant leurs crochets recourbés
Comme de petits **b**.

C c

BIBL. IMPÉRIALE IMPR.

Petit Paul a brisé son cerceau mal lancé;
Mais il a les morceaux qui font juste deux **C.**

Un melon, trois flatteurs saluant l'argent, c'est
Autant de petits **c.**

D **d**

Grosse caisse et soldat l'un à l'autre soudé
Font un grand **D**.

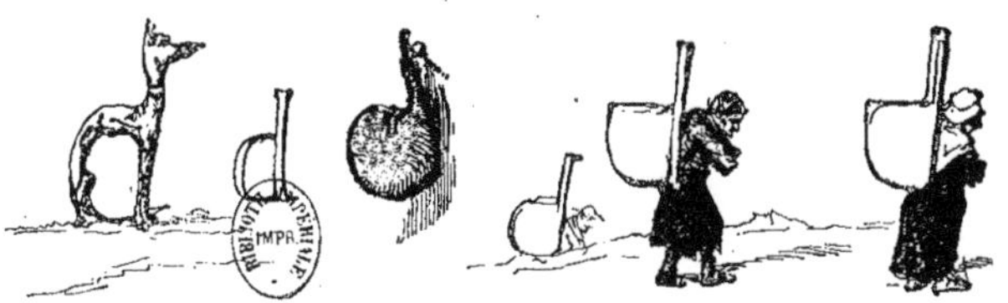
BIBLIOTH. IMPÉRIALE IMPR.

Les hottes, le jambon, le chien dégingandé :
On dirait voir de petits **d**.

E e

La nounou fait sauter le marmot étonné.
N'ont-ils pas l'air d'un **E**?

L'oreille a pour accent la mèche : en vérité
C'est comme un petit **é**.

F **f**

A la main de Joseph, cette faux en relief,
Et l'homme qui salue au-dessous sont des **F**.

L'eustache de Joseph
A l'air d'un petit **f**.

G g

Ce singe, voyez-vous, il est là pour singer
Les grands **G**.

BIBLIOTH. IMPÉRIALE IMPR.

Lunettes, pince-nez, corps de guêpe allongé :
C'est la forme des petits **g**.

H h

En se donnant la main on a, sans qu'on le sache,
La tournure qu'a le grand **H**.

BIBLIOTH. IMPÉRIALE IMPR.

La girafe, la chaise, et là, cette ganache,
Même la cathédrale, ont l'air de petits **h**.

I i

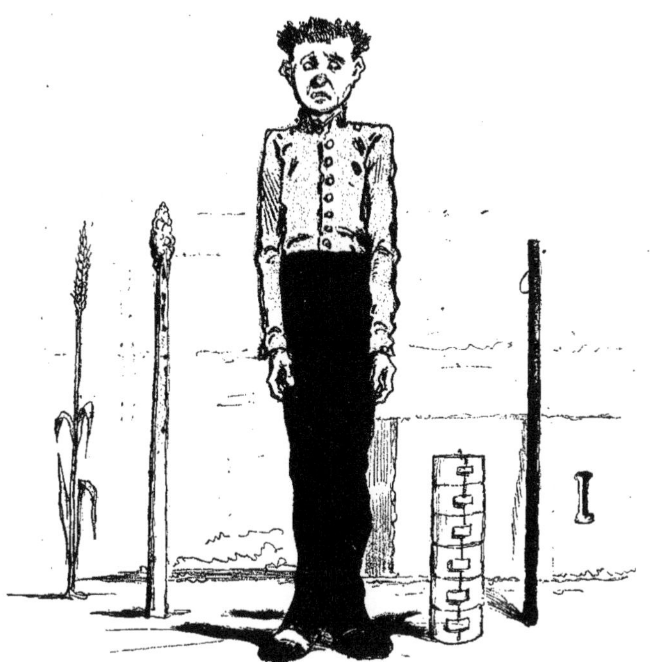

Un conscrit, un bâton, une asperge, un épi :
Rien n'est plus droit, plus roide, excepté le grand **I**.

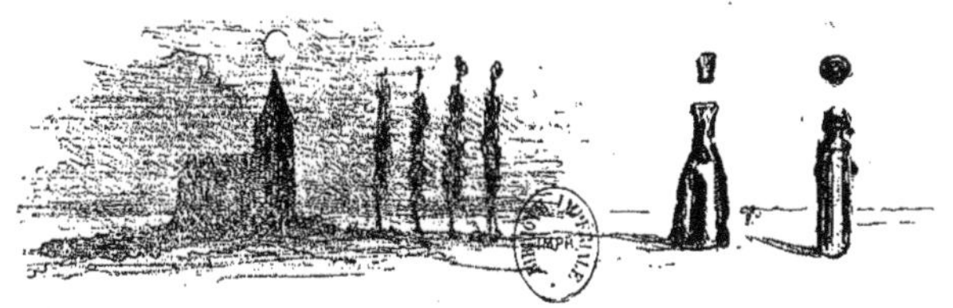

Le bouchon du flacon, sur le clocher jauni
La lune, ont l'air des points qu'on met aux petits **i**.

J **j**

Une pipe superbe : on la fume au logis,
Et dans la bouche on a le **J**.

Boulettes aux poissons, balle au pistolet : j'y
Vois le point que l'on met toujours aux petits **j**.

K **k**

Ces bons conscrits ont l'air de danser la polka;
Ils vont tous comme de grands **K.**

Et cet homme appuyé, qui porte du moka,
A l'air d'un petit **k.**

L l

Ah! je me suis coupé! mais qu'aperçois-je, ô ciel!
Homme, bras et rasoir, nous dessinons trois **L**.

Peuplier peu plié qui se tient solennel,
Tout comme un petit **l**.

M m

Chacune tient le drap par un bout et rit. Hem!
Qu'est-ce donc?... un grand **M**.

Ce banc de pierre, item
Ce chien : de petits **m**.

N **n**

Ce grand diable effrayé qui tient comme un lichen
A la terre, c'est un grand **N**.

Un pauvre homme à genoux : le plus simple examen
Fait reconnaître un petit **n**.

O **o**

La couronne, l'anneau, la lune, le cerceau,
Et le bourgeois tout rond qui dit : Ho! Combien d'**O**!

P **p**

Pauvre Polichinelle! Il est bien mal campé!
Dame Nature a fait en le créant un **P**

Et ce porteur de balle, et cet homme éclopé :
Petits **p**.

Q **q**

Un jour Polichinelle, ayant assez vécu,
Fait un nœud pour se pendre, et ce nœud est un **Q.**

BIBLIOTHÈQUE IMPÉRIALE IMPR.

Casquette d'épicier et besace : on a vu
Le petit **q.**

R **r**

Ces gamins se battant, d'un R n'ont-ils pas l'air?
Et la reine aussi, quel grand **R**!

BIBLIOT. IMPÉRIALE IMPR.

Le pistolet, la femme et l'arrosoir en fer
Sont faits comme les petits **r**.

S **s**

Ce serpent qui serpente et qui siffle sans cesse
A bien le sifflement et la forme de l'**S**.

Le poisson qui frétille et le crochet qui blesse :
Petits **s**.

T **t**

Quand on voit ce marteau, l'on voit représenté
Le grand **T**.

L'enfant, le sabre turc avec l'ange à côté,
Sont tournés tous les trois comme de petits **t**.

U **u**

Par les pieds au trapèze on voit là suspendu
Le grand **U**.

Le goujon, la carotte et l'hameçon pointu;
Mettez-en deux ensemble : on a le petit **u**.

Un cornet de bonbons : avez-vous observé
Qu'il ressemble à la lettre **V** ?

Deux cornets de bonbons, c'est souvent arrivé.
On a double bonheur alors.... et **W**.

X **x**.

Petit garçon faisant la roue, un vrai phénix :
Un **X**.

Y **y**

Tronc fourchu, bouc cornu, chandeliers à deux becs :
Grands et petits **Y**.

Z Z

BIBLIOTH. IMPÉRIALE IMPR.

Ces hommes à genoux, priant Dieu qu'il les aide,
Et l'éclair en zigzags, ressemblent à des **Z.**

Paris. — Imprimerie de CH. LAHURE et Cie, rue de Fleurus, 9.

ALBUMS TRIM

POUR LES ENFANTS DE TROIS A SIX ANS

FORMAT PETIT IN-4°

Chacun de ces Albums, colorié et cartonné, se vend 3 fr.

A B C, TRIM

ALPHABET ENCHANTÉ

Illustré par BERTALL

PIERRE L'ÉBOURIFFÉ

JOYEUSES HISTOIRES ET IMAGES DROLATIQUES

Traduit de l'allemand, du docteur HOFFMANN, sur la 366e édition

HISTOIRE COMIQUE ET TERRIBLE

DE

LOUSTIC L'ESPIÈGLE

Illustrée par BERTALL

HISTOIRE DE JEAN-JEAN GROS PATAUD

Illustrée par PELCOQ

LES BÊTES

Cours d'Histoire naturelle et de Morale

Illustré par BERTALL

LES DÉFAUTS HORRIBLES

GOURMANDS ET MALPROPRES

Illustrés par JUNDT

LES

INFORTUNES DE TOUCHE-A-TOUT

Texte et dessins par BERTALL

— Même format que les Albums de Trim —

PARIS. — IMPRIMERIE DE CH. LAHURE ET Cie, RUES DE FLEURUS, 9, ET DE L'OUEST, 21.

www.ingramcontent.com/pod-product-compliance
Ingram Content Group UK Ltd.
Pitfield, Milton Keynes, MK11 3LW, UK
UKHW022140190726
13855UKWH00003B/1260

9 782013 057660